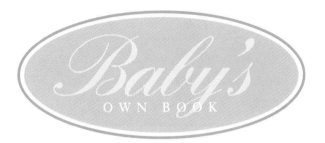

# Baby's

## OWN BOOK

COMPILED BY THE BLUE LANTERN STUDIO

CHRONICLE BOOKS . SAN FRANCISCO

Printed in Hong Kong.

ISBN 0-8118-0003-2
Distributed in Canada by Raincoast Books,
112 East Third Avenue,
Vancouver, B.C., V5T 1C8

Cover design and typography: Karen Smidth

10 9 8 7 6 5 4 3 2 1

Chronicle Books
275 Fifth Street
San Francisco, California 94103

WHAT THE WORLD WAS LIKE
WHEN YOU ARRIVED

# Your Family Tree

GREAT GRANDFATHER
_____

GREAT GRANDMOTHER
_____

GREAT GRANDFATHER
_____

GREAT GRANDMOTHER
_____

GRANDFATHER
_____

GRANDMOTHER
_____

FATHER

# $\mathscr{Y}$OUR FAMILY TREE

GREAT GRANDFATHER

GREAT GRANDMOTHER

GREAT GRANDFATHER

GREAT GRANDMOTHER

GRANDFATHER

GRANDMOTHER

MOTHER

WON'T YOU JOIN US

IN

A BABY SHOWER

GUESTS

$\mathcal{G}$IFTS

# $\mathcal{Y}$OUR BIRTH

EYE COLOR

WEIGHT

HAIR COLOR

DOCTOR

# WHAT THE WORLD WAS LIKE WHEN YOU WERE BORN

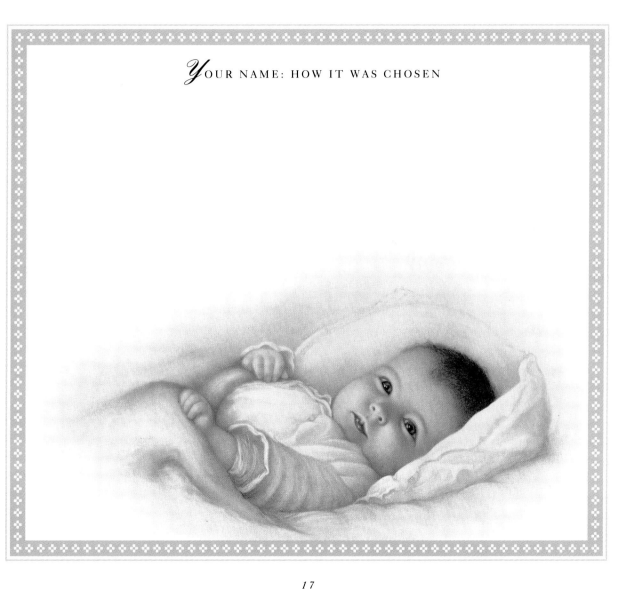

# $\mathscr{R}$ELIGIOUS CELEBRATIONS

# $\mathscr{W}$HAT VISITORS SAID ABOUT YOU

# Your Room

$\mathcal{T}$HE FIRST TIME YOU...

# Your First Smile

# YOUR FIRST OUTING

WHEN YOU FIRST SAT UP

# Your First Tooth

YOUR FIRST GROWN-UP MEAL

# WHEN YOU FIRST CRAWLED

# Your First Words

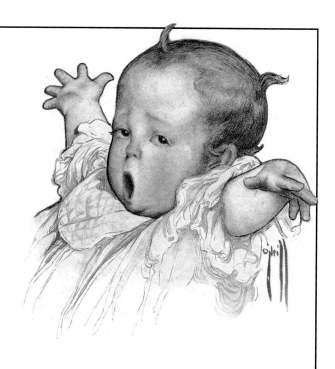

# $\mathcal{Y}$OUR FIRST STEPS

$\mathscr{Y}$OUR FIRST BIRTHDAY

MEMORABLE OCCASIONS

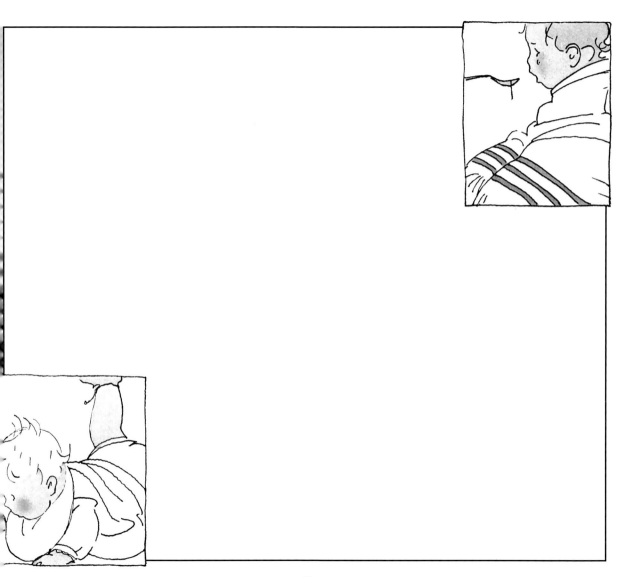

MEMORABLE OCCASIONS

*Y*OUR FAVORITE THINGS

# YOUR FAVORITE STORIES

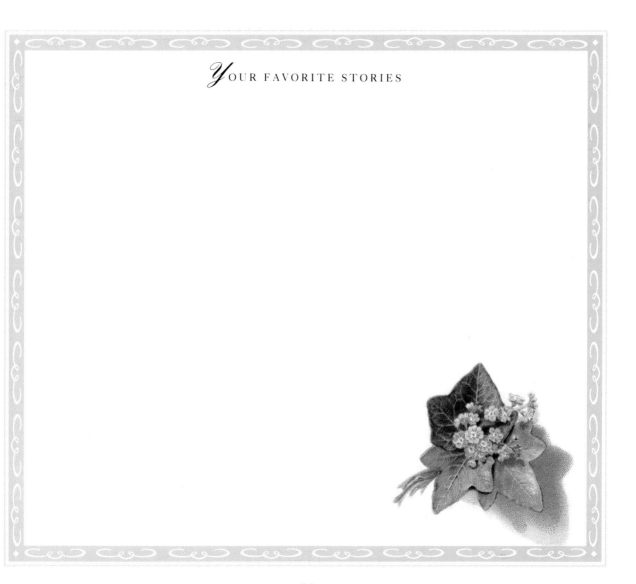

# YOUR FAVORITE SONGS

# *Y*OUR FAVORITE FOODS

# $\mathcal{Y}$OUR BEST FRIENDS

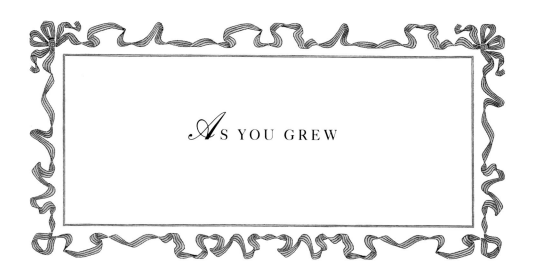

As you grew

# Your Second Birthday

OTHER HOLIDAYS

# Your Special Sayings

# $\mathcal{P}$ARTIES

# NEW FRIENDS

# D REAMS YOU HAD

# $\mathscr{D}$RAWINGS YOU MADE

# SPECIAL DAYS IN THE SPRING

# SPECIAL DAYS IN THE FALL

LOCKS OF BABY'S HAIR

# $\mathscr{H}$EIGHT CHART

AT BIRTH ⸺

ONE WEEK ⸺

TWO WEEKS ⸺

ONE MONTH ⸺

TWO MONTHS ⸺

THREE MONTHS ⸺

FOUR MONTHS ⸺

FIVE MONTHS ⸺

SIX MONTHS ⸺

SEVEN MONTHS ⸺

EIGHT MONTHS ⸺

NINE MONTHS ⸺

TEN MONTHS ⸺

ELEVEN MONTHS ⸺

ONE YEAR ⸺

FIFTEEN MONTHS ⸺

EIGHTEEN MONTHS ⸺

TWENTY-ONE MONTHS ⸺

TWO YEARS ⸺

# $\mathscr{W}$EIGHT CHART

AT BIRTH ——————————————————————————————

ONE WEEK ——————————————————————————————

TWO WEEKS ——————————————————————————————

ONE MONTH ——————————————————————————————

TWO MONTHS —————————————————————————————

THREE MONTHS ————————————————————————————

FOUR MONTHS —————————————————————————————

FIVE MONTHS —————————————————————————————

SIX MONTHS ——————————————————————————————

SEVEN MONTHS ————————————————————————————

EIGHT MONTHS ————————————————————————————

NINE MONTHS —————————————————————————————

TEN MONTHS ——————————————————————————————

ELEVEN MONTHS ———————————————————————————

ONE YEAR ——————————————————————————————

FIFTEEN MONTHS ——————————————————————————

EIGHTEEN MONTHS —————————————————————————

TWENTY-ONE MONTHS ——————————————————————

TWO YEARS ——————————————————————————————